Michael Mäde **100**

Der kleine Buchladen
Inhaber Dr. Göran Schöfer
Weydingerstr. 14-16
10178 Berlin
Tel.: 030 - 24 72 46 83

Michael Mäde

Geboren 1962, in Karl-Marx-Stadt

Studium der Filmwissenschaften
und Dramaturgie an der
HFF Potsdam

Tätig als Dramaturg und
künstlerischer Leiter sowie als
Kaufmann in verschiedenen
Medienunternehmen.

Ab 2007 bei der Tageszeitung
junge Welt u.a. verantwortlich für
deren Ladengalerie.

Letzter lyrischer Einzeltitel:
»Das Ende der Wende«,
Edition Schwarzdruck, 2018

*Im Verlag Wiljo Heinen erschienen
von ihm:*
Vor dem großen Krieg. Gedichte
2013
Foto ohne Retusche. Ein Bericht
2017

MICHAEL MÄDE

100

2020 • Verlag Wiljo Heinen, Berlin und Böklund

1 Das Ende vom Lied

Schwester,
heut habe ich deinen Geburtstag vergessen
und diesen Tag,
da du in der Tür standst,
weiß, wie die frischgemalte Wand hinter dir
und du sagtest,
im Radio spricht der Präsident
und als wir im fernen Osten
diese Stimme hörten,
schafften sie seine Leiche schon aus der Moneda
und ich schaffte es diesmal nicht
dich zu trösten,
wo ich doch so hoffte auf einen General namens Praz,
der unterwegs sein sollte,
mit Soldaten nach Santiago,
(dort schossen sie gerade unsere letzte Kaserne
                                      zusammen)
und du, Schwester,
ließest dich nicht trösten,
und ich hätte meinen Trost so sehr gebraucht,
denn es wurde still
in unserer Neubauwohnung
und nur ich drehte noch
an der Skala der Sondersendungen,
(auch General Praz hatte sich inzwischen eingefunden,
vor den Kameras des argentinischen Fernsehens)
und ich baute, die Nase voll Rotz,
in der Nacht noch meinen ersten Molotowcocktail

und du kühltest mir die Hand,
an dem Morgen,
der dann den Regen brachte,
lächeltest du das einzige Mal,
Schwester,
heute habe ich deinen Geburtstag vergessen.

Zufällig geboren in eine Zeit
da Trennungen materialisiert erscheinen,
bestaunen wir noch immer das solide Material;
wir haben keine Mauern eingerissen, gewiss,
wir haben arbeiten gelernt, HA, WIE WIR ARBEITEN,
LEIDENSCHAFTLICHST, lernten wir warten,
vor der Zeit und schweben
wie ARTISTEN IN DER ZIRKUSKUPPEL,
die das Trapez verpasst haben, RATLOS
wühlen wir im Vokabular unserer Eltern,
in der Hoffnung etwas Verwertbares zu finden
für eine Anklage,
obwohl wir doch wissen, schon unsere Großeltern
scheiden sich
in die Veteranen und Männer in den besten Jahren
und schon vor dem Verschwinden der Werbung
für eine bestimmte Wodkasorte, wussten wir,
dass es wieder gut wäre zu glauben,
aber auch der Atheismus ist uns vererbt worden
und so gerät unser Lächeln,
bei Ansicht der heroischen Filmaufnahmen
immer ein wenig breit
und auch unsere Antworten werden rarer,
denn die Fragen beginnen sich an uns zu richten
und wir,
die wir immer vernehmlicher ICH sagten als WIR,
mühen noch jetzt uns im Bestimmen,
wen das, möglicherweise, alles nicht einschließt.

/8/

So lasst das Bild im Rahmen
uns nicht wieder wechseln,
den wollen wir abnehmen,
und der helle Fleck nur
soll künftig uns erinnern.

So lasst die alten Bücher
uns aus den Regalen nehmen,
ihre Schuld war es nicht,
dass wir sicher waren,
zu wissen,
was mit uns geschieht.

Und lasst endlich den Schwamm
uns nicht nur ausdrücken
bis da kein Wasser mehr rinnt.

In die Sonne wollen wir ihn legen,
bis er porig ist und hart.

Lazarett einer Vereinigung

Wir kommen herein, wir Geschlagenen, alle
Wir sind befreit und hoffnungslos.
Wir haben Beulen und offene Wunden
Und unsere Haut ist dünn, bleich und bloß.

Vom Holm der Wende von Deck geschlagen,
Ziehen wir ein ins Asyl unsrer Zeit,
Erhalten Rente bis ins Grab sie uns tragen
Und sind fürs Sterben noch lang nicht bereit.

Es sind unsre Träume, die uns ermorden,
Sie kehren wieder, Nacht für Nacht,
Was aus den Träumen schließlich geworden,
Das hat uns um unsere Zukunft gebracht.

Niemand

Niemand kam ernsthaft zu Schaden,
manche trotzdem auf die DENKBAR
SCHWERSTE WEISE.
Da waren ein paar Infarkte mehr,
seltsame Krankheiten,
bei Männern und Frauen
in den besten Jahren.

Niemand konnte sich vorstellen,
dass es so einfach würde,
alles zu verlieren.
Sein Haus, seinen Job
seine Achtung jeden Morgen
vor dem Bild im Spiegel.

Niemand hat uns ins BILD gesetzt,
dass die Resultate der ganzen Plackerei
in wenigen Wochen versoffen würden,
in den gläsernen Etagen über den Städten.

Niemand hat uns verraten,
dass endlich so
unser Verrat aussehen könnte.

Erinnerung an einen Genossen

Es ist nicht so,
dass ich ohne Hoffnung wäre,
sagte er bei Räumen
seines Arbeitszimmers
und lächelte.

Das Plakat
Glotz nicht so romantisch
hat er hängen lassen.

Umsichtig wie er war,
erschoss er sich im Bad.

9. November

Der Morgen danach

I

Am Morgen sahen die Straßen aus
wie vorher, nach der Nacht
in der die Synagogen brannten,
in der eine Revolution begann
in der schließlich eine endete,
bevor sie begann.

Am Morgen danach platzte der Regen
auf die Straßen, fuhr der Wind
wie vordem in die Bäume, blattlos
waren die Straßen und/oder reifbedeckt.

Und nach der letzten der Revolutionen
fuhren die Bahnen regelmäßig,
als der Morgen graute.
Und doch haben die Klügsten der Genossen
Akkordschichten am Reißwolf geschoben.

II

IM TRAURIGEN MONAT NOVEMBER WAR'S
und die Tage waren angemessen trübe
und wir WARN DA ABER IMMER NOCH,
nur der Staat war uns abhanden gekommen.

Und leider haben wir über Nacht
zunächst unsere Sprache
und viel zu spät erst
unser Denken wiedergefunden.

Wir, die wir sicher waren,
unsere Geschichte zu kennen,
vergaben unsere Hoffnung
an eine deutsche Revolution,

die auch noch im November begann.

III

Diese währte also beinahe vier Tage.
Und am fünften zog die Mehrheit
der vermeintlich Unsrigen
wenig bibelfest, wie sie war,
gen Westen.

Und mitnichten war die Arbeit getan
und auch der Hässlichste aller Vögel
blieb wieder ungerupft und mitnichten
waren seine Krallen abgetrennt oder
gestutzt, sie umfingen uns alle
und sein Gefieder hüllte uns ein.

Und schon bald buchstabierte man
STETTIN schon wieder viel selbstverständlicher
als AUSCHWITZ
in diesem Land.

Das Ende vom Lied

An uns, werden sie sagen,
hat es nicht gelegen,
wenn die Erde nun endlich
verheert.
Wir haben, sorgsam,
den Müll immer getrennt
und selbst unsere Scheiße
haben wir noch kompostiert.
Wir haben erwartet
und euch immer gesagt,
dass es so endet.
Unsere Schuld war es nicht,
dass ihr Besserer der Welt
nun baumelt an Masten
die keine Nachricht mehr
zu übermitteln haben.

Deutschland, 1997

Geh doch rüber, faucht der Alte
und fuchtelt mit seinem Krückstock,
weil ich ihm sagte, der Mann da
an der Kasse des Supermarktes
sei kein Nigger.

Geh doch rüber, schreit der dickädrige Hals
und meinen Schutzengel schauderts,
und ich frage den Alten,
wohin?
Und der zögert, weiß keine Antwort.
Und schon sehe ich meinen Mantel
schwebend
an einem Baumwipfel,
vergessen,
wie eine verrottete Vogelscheuche
vom vergangenen Jahr.

Und des Nachts
blättert mein Schutzengel,
ratlos,
schwitzend in Prospekten
von Kanada oder der italienischen Schweiz.

Kleine politische Farbenlehre

Wir warten bis sie schwarz wird, unsere Zukunft,
und die Schwarzen mischen emsig Farben
um einen dezenten Braunton zu erzielen.

Das Grün ist längst vergilbt und verwittert,
wie das Gesicht eines Fischers. Der angelt
überm Leichenfeld nach dem Mantel der Geschichte.

Rosa schimmern die aufgebügelten Hoffnungsträger,
die aus Zerstreuung oder Gewohnheit
noch rot sich nennen.

Fahl sind die Reformritter
der Sozialisten. Man hat sie genötigt
die Papiere ihrer Ideen zu fressen.

Die knallgelben Verbesserer des Marktes
sind durchsichtig geworden,
wie ihre Interessen.

Und wir, die wir immer noch warten,
halten unsere fadenscheinigen Hoffnungen
hoch, wie einst die Fahne,
und verrichten unser Vergessen, täglich,
als Notdurft.

Monopoly Reality

Die Kugel rollt ins Leere
und nur ich spiele noch
an den nicht vorhandenen Knöpfen.
Es muss doch gehen, sag ich
und hab verloren.
Das ist kein einarmiger Bandit,
das Spiel geht anders,
offenbar sind hier die Würfel
schon gefallen.

> *Sieben Jahre wollt kein*
> *Schritt mir glücken*
> *und auch im achten sieht's*
> *eher Scheiße aus.*

So geht's halt denen, die unbedingt
mitspielen wollen im Monopoly
für Erwachsene. Der Einsatz zählt
über den Abend hinaus
und die Republik wird verramscht
nach den Gesetzen des Marktes.

Die neuen Eigner ertragen die Schmach
mittels gezinkter Karten obsiegt zu haben
mit Wonne. Und ich, der ich mal wieder nicht
zu den Siegern gehöre, sinniere über die Änderung
der Regel dieses tödlichen Spiels,
ohne die geltenden ganz verstanden zu haben.
> *Blöd bist du, sagt mein Partner,*
> *über den, der da liegt, hättest du auch*
> *noch drübersteigen müssen.*
> *Ich bin doch nicht blöd, sag ich,*
> *ich bin aus der DDR.*

Alles Wettbewerb oder was,
mein Gegenspieler grinst überlegen,
und der hatte keinen Stabüunterricht,
der ist mit all dem bloß groß geworden.

Wettbewerb, das freilich kannte ich schon,
da hätte ich gewonnen, greinte ich
(das Bezeichnungswort sozialistisch unterschlagend)
in die Nacht.
> *Hättest halt besser aufpassen müssen,*
> *lass ich mich belehren.*
> *STAMOKAP – richtig, das war das,*
> *wo der Staat, wenn es schwiwig wird,*
> *den Rest regelt.*
> *(Notfalls auch das mit dem Wettbewerb)*

Wenn es ganz dumm kommt,
ist der Staat auch zuständig
für die Verwertung derjenigen,
die man nun partout nicht brauchen kann.
Und es gibt schon wieder verdammt viele
die man nun partout nicht brauchen kann.

Aber der Markt ist gerecht, sagt mein Partner,
weil er effektiv ist. Richtig, sage ich gelehrig,
mein (nehmen wir mal an) Getreide
wird notfalls verbrannt bei der nächsten Baisse,
viel zu teuer, um es in Afrika zu verteilen.
> *Wie die zwingende Logik der Mutter,*
> *die der rebellierenden Tochter,*
> *die angebissene Stulle hinhält und sagt:*
> *Hier, bring's nach Indien.*

Ich spielte Monopoly und hatte Glück.
Die Schlossallee ist schnell zur Zelle geworden.

Die Lektion reicht für ein Leben.

Zwischenbilanz im Jahre 9

Wie schnell haben wir den Kohlenrauchgeschmack
vergessen, während der langen Winter, die Kohlköpfe,
die zu Salaten der Saison sich mauserten. Das Warten
auf Züge, die dann doch nicht kommen wollten.

Wir schnell haben wir verdrängt, dass unsere Zungen
sich wie von selbst zum Zeitungsblatt falteten
beim öffentlichen Sprechen machten wir eilig
aus den teuren Genossen verdorbene Greise.

Und tauschten unsere frisch gespülte Moral
locker EINS ZU ZWEI.
Und wir fanden sehr schnell Anschluss
unter Nummer DREIUNDZWANZIG,
obschon kaum einer von uns Telefon hatte.

Und seit geraumer Zeit üben wir uns eifrig
im Gebrauch des bevorzugten Hilfsmittels
zum Erklimmen der Leiter gen Himmel:

Unsere Ellenbogen haben sich eine Hornhaut zugelegt.

/22/

II Wo er war

Einst lebte ich auf der Sonnenseite
der Elbe
zwischen Kriegerwitwen, Pensionen und Ardennes
weißem Privatgemäuer
und sonntags früh gehörten die Straßen mir allein,
denn beide Gotteshäuser saugten die Menschen
wie Schwämme das Wasser
und verschiedentlich
wurde des gleichen Gottes gedacht.
Ich aber,
gottlos wie ich war,
wartete auf das kleine Mädchen mit den Mandelaugen,
ihr endlich mein Plastefernglas zu schenken,
dass sie darüber ihren Herrn Jesus vergäße.
Und doch dauerte es unerwartet lang
bis ich ranreichte
an den Fahrkartenschalter der Standseilbahn
und so blieb Stadt für mich ein Ort
von dem Mutter die Bananen holte
und der Vater am Abend traurig wiederkam.

Ach, Mutter, dich
hatte ich trösten wollen
als hemmungslos du weintest,
warst du doch nur froh,
dass der Sonnenseite
du entkommen solltest

denn,
mein liebster Ort war ein Gruselkabinett;
die verwitterten Adligen schwatzten im Kurcafé
bis in den Abend, um sich dann, einem Vogelschwarme
                                                                            gleich,
zu zerstreuen.
Auch die Wildschweine wagten sich nun
bis zu den ersten Häusern
und das erste Haus gehörte uns.

Und auch der Sonnenseite
entstieg im Herbst dieser Nebel,
der mir die Lunge fast zerriss
und ich war wohl zu zart noch
um verprügelt zu werden
und mein großes Maul blieb lange
ungestopft und so fehlte
mir's an Furcht.
Denn auch ich sah Gojko
im Vorortkino über die Leinwand reiten,
folgte ihm, kurzatmigen Schritts in die Wälder,
war Tschapajew (nie der Kommissar)
und machte im Traum
die Hälfte meiner Klasse nieder.
Und voller Stolz am Straßenrand
warf ich Blumen
nach den Soldaten auf den Panzern.
Die hatten Marschbefehl Böhmen

und sahen gar nicht fröhlich aus.
Aber auch meine Lungenflügel
schluckten besser
mit der Zeit
wurde ich würdig befunden meinen Teil
an Schlägen in Empfang zu nehmen.
Und so schleppte ich
nach der Wahl in den Freundschaftsrat,
heulend meine zerfetzte Schultasche
zur Mutter und die wusch
das Rot aus dem blauen Halstuch.

> *Gewiss, Schwester, gewiss,*
> *du hattest mich gewarnt,*
> *denn du hattest deine Freunde*
> *ja schon und warst überhaupt*
> *viel genauer und vorsichtiger*
> *in allem.*

Und an einem Januartag mit Fernsicht
verließen wir die Sonnenseite
in eine Stadt,
wo man immer an einer Seite nicht weiter kam
und auch die Neugier ihre Grenze fand.
Und es begannen die VERBOTENEN SPIELE
in den Abrisshäusern
und an der Skala der Fernsehsender.

Und ich von der Sonnenseite
hatte ja überhaupt keine Ahnung
und eine so merkwürdig lange Aussprache
und war unsicher, ob der Vergleich
mit Mister Spock ein Kompliment war
oder eine Beleidigung.
Bald aber herrschte auch hier Klarheit,
als dann der Klassenchor sang:
EIN BAUM
EIN STRICK
EIN SACHSEN AM GENICK!
Denn das freilich kannte ich schon.

> *Ach Vater, liebster Vater*
> *auch wir sind mehr als einen Schritt*
> *vom Wege gewichen*
> *nur um die LINIE zu halten.*

Dabei war doch das VÄTERCHEN
schon vor 20 Jahren umgezogen
in die Kremlmauer
und seine Fehler, eingelagert in die Archive,
warteten geduldig auf ihren neuerlichen Gebrauch.
Und ich wartete auf das Vergessen meiner Klasse
und übte mich emsig im Gebrauch
der hochdeutschen Sprache.

Doch an einem Tag im August,
die Brust von Abzeichen schwer,
glücklich das Hemd
voller Unterschriften, verlor ich,
der ich von der Sonnenseite gekommen war,
die Klarheit über die Beschaffenheit
von Licht und Schatten.

Denn an jenem Tag im August
ist der alte Mann gestorben,
der auf den Fotos in der Zeitung
immer so aussah wie mein Großvater
und von dem plötzlich alle sagten,
er hätte nichts mehr verstanden.

Und die Musik hörte nicht auf
zu spielen an diesem Tag
und die Menschen tanzten weiter in den Straßen,
weil ja da das Fest noch war
der JUGEND UND STUDENTEN.
Und das Fest hatte der alte Mann
mit seinem Tod
nicht stören wollen.

Und an diesem Tag, hast du, Schwester,
den Jungen mit der silbernen Plastepistole verdroschen,
bloß weil der hinter mir heulender Rotznase her lachte.
Und du, Schwester, nicht wissen konntest,
was mit mir da alles schon geschehen war.

Keine Freunde,
Aber
Eine wilde Freundin
Im Baum hängend,
Den Kopf schon blau.
Das Schniefen von Rotz,
Das Blut an den Knien
Nach Mauersprüngen
Viel zu kühn.
Und das Plündern
Der Gärten
Der bösen Nachbarn
In wildem Galopp.

Die Nacht stieg
hinan, mit ihr der Nebel
aus dem Kessel
dieser verfluchten Stadt.
Seine Brust rasselte
auf und nieder.
Tränen mischten sich
mit Schweiß.
Er lernte leben
am Kesselrand,
sprungbereit.
Ein Kind ohne Furcht
vorm schwarzen Ende.

Risse

Die ersten Schläge
wegen eines Abziehbildes,
verbittertes Schwingen
mit dem Lineal.
»Kommisau«, heult es
unterdrückt
aus dicken Lippen.
Am Abend der Blick
des Vaters, traurig,
sengt auf der Haut.

Und immer die Angst
doch am Ende
des Sommers.

Der schwere Atem,
rasselnd bei jedem Zug.
Das schwindende Licht
im wallenden Nebel.

Und die Krähen im Kurcafé
Die uns Raben
vertrieben haben.

Noch vor dem Winter.

Jede Herbstnacht
ein Abenteuer,
aufrecht, dämmernd
dem Schlaf oder Anderem
entgegen.
Und taub dann am Morgen
für die Geräusche
des Lebens.

Einsichten

Immer wieder allein
und immer unterwegs
sich einen Reim machen
auf Leben und Sterben.
Der Katzenschädel
voller Ameisen.
Der alte Mann,
der dem Staat vorstand
und plötzlich im Fernsehen
Pantoffeln trug.
Der Tod als Möglichkeit
wie eine Fiebernacht.

Ausgesetzt dem Terror
der Andersdenkenden
auf dem Schulhof,
Prügel in den Pausen.
Gespitzte Bleistifte
in Rücken und Hals
in den lehrreichen
Stunden dazwischen.

Erbrechen,
konturloses Zittern
jeden sonntaglosen
Morgen.
Das Gefühl aber,
ungebrochen,
einfach anders zu sein.

Und sicher nun auch,
dass man Grausamkeit
lernen kann.

Verbotene Spiele
in den Abrisshäusern.
Ein Kuss, errötend,
auf unwirklich
rote Mädchenlippen.

Und immer wieder
ein Blick ins Freie
aus der durchmauerten Stadt.

Eine Freiheit, lernte er,
die aus Begrenzung kam.

Ahnungen
dann.
Nichts zum Besseren
würde sich wenden.

Abgründe aus nichts.

Die Zeitungsblattsprache
wie toter Fisch im Mund.

Die irrlichternden Fremdheiten
schließlich, Freunde gehießen,
in glücklich törichter Vorzeit.

Wo ist Marivagabundus geblieben
Vaters Gott des Windes.
Der blies und blies mit dicken Backen
auf dieser schmalen Insel.

Er, heute eher kahl als grau
sucht sie die blassen Stätten
der Erinnerung.

Und wartet geduldig
auf den Schmerz.

Budapest 1988

Sommer in staubiger Stadt,
Pracht und Elend.
Der zahnlose Bettler Gurkensaft trinkend,
eine Hand stets ins Leere haltend.
Dann selbst verirrt in den Hinterhöfen,
riecht er den alten Krieg im Gemäuer
und fühlt, unbestreitbar,
das nahe Ende.

III Zwischenzeiten

Nachsaison

Für Maximilian Zander

Nachmittagsblauer Blick,
die Schatten tragen lange Gesichter.

Der Schipper, die Mütze tief
in der Stirn, trödelt mit dem Netz.

Vier Hüte zählt der Flötist
beim Kurkonzert und ist schon
blau wie die See.

Rauch steigt. Auf
der Parkbank der Alte
ist also noch am Leben.

Polnische Küste

Sprungbereit,
hoch überm Meer ohne Gezeiten,
steht er im Wald.
UND KÜSTE IST DOCH NICHT GLEICH KÜSTE
Glatt, weithin sichtbar die Fläche aus Wasser.
Das WIRKLICHE BLAU.

Bis hierhin, denkt er,
fährt euer Zug der Geschichte
dann doch nicht zurück.

Gerlos

Seltsamer Ort im Tale, dicht unter den Wolken,
mit ihren HELDEN 1914-18 & 1939-45
und einem Kreuz, eisern für jeden der Toten.
Wie Untote, die Alten voller Dünkel
Und die Sonne frisst Wolken überm Tal.

Hier finden die Kühe allein nach Hause
und sehen so aus, als hätten sie alle
einen Namen und einen ziemlich eigenen Kopf.
Am Sonntag schrillt die Glocke der Kirche
hier gegen die der Kühe,
vielstimmig und eine volle Stunde.

Ein Jahr noch in Stalins Villa
mit Blick über Griebnitzsee
Verwaltung üben,
Forschung & Leere verteidigen
wider die Dummheit der Linie
und einen guten Lehrer,
der zu viel trank.

Bitternisse
im milden Licht der Erinnerung.
Titelbandwürmer der Funktionäre
in Meldungen,
die nichts zu melden hatten,
wie die Werktätigen.

ALLES FÜR DAS WOHL DES VOLKES
Nur nicht zweifeln.
Nur nicht fragen,
was dies möglicherweise
alles nicht einschloss.

Betäubung
dann
nach letzten Kämpfen.
Berlin blieb nicht rot
und die armen Leute
wurden erst arm.

Und niemand
wollte die Abrissbirne
bestellt haben, schließlich.

Keuchender Terror
Rostock-Lichtenhagen,
Mölln, Solingen
gegen die Anderen, denen
es noch dreckiger ging.

Betäubung, Arbeit.
Flucht in den Westen.
Kein Blickkontakt im Spiegel.
Neue Welt, alter Dreck.
Frohsinn des Geldes.
Schwimmen als Exot,
im Meer der Zugeständnisse.
Tanzbär in der Manege
des innovativen Kapitalismus.

Nur seinen Namen
kann er noch schreiben
unter die Kontrakte,
die Korrespondenz
der Leere.

Schlaflos in D.

Die Faschisten grölen unterm Fenster
etwas von nationalem Widerstand.
Beklommen folge ich ihrem Schatten
an der Wand des Hotelzimmers.

Ich Kämpfer, die Decke
gezogen bis zum Hals,
hoffe, dass sie endlich weiterziehen.

Gestrandet in Wesels Restauration
am Bahnhof, in Verkennung
der geografischen Sachlage
ein Kölsch bestellend, spüre ich
zwischen lärmenden Feierabendlern,
mein zuckendes Herz und sehe
vor der Zeit das Ende der Straße.

Und immer
in ruhlosen Nächten,
erscheinen ihm jene,
die vom Holm der Wende
von Deck geschlagen,
geächtet,
gebrochen,
hingerafft
von Erschöpfung,
erstickt
an ihrer Geschichte,
die nichts mehr zählte,
plötzlich.
Die teuren Toten
der Revolution,
die niemals gesiegt hat
in diesem halben,
deutschen Land.

»Dieses Volk ist unglaublich tief verhetzt, kaputt, verdorben. Die jahrhundertealte misère hat einen Punkt erreicht, auf dem nur ein ganzes Jahrhundert diesem Volk die Fähigkeit zu einem freien, schöpferischen Leben wiedergeben kann (...)«

      Alfred Kuralla im Juli 1942 an seine
        Frau Elfriede Chon-Vossen

Generation Exil

Sie müssen geahnt haben
wie schwer das wird,
Jahrhunderte von Hass
und eingeübter Kriecherei
zu überwinden.

Sie haben dennoch begonnen.

Sie spürten
Misstrauen,
stillen Widerstand,
und ließen sich nicht beirren.

Sie hatten eben
nicht nur die Regierung,
sondern die Macht.

Sie verdrängten erfolgreich
dass sie Minderheit waren,
und dass sie es blieben.

So ging ihnen verloren
erst die Macht und dann
die Regierung.

Erinnerung an Bad K.

Sein Atem, ein scheppernder Eimer
weckt das Haus.
Gelbe Milch flutet die Terrasse.
Irgendeiner, ein Assistent
hat den Mondschein
Werfer gedreht.
Nachtschatten wirft er dann.
Ins blinde Glas.

Zwischenzeiten

Die vierte Nacht dann
lässt den Herbst
schon ahnen.

Der Mantel, der mich hüllt,
riecht nach Mensch.

Ich harre des ersten Lichts
und fröstelnd
trink ich vom Geheimen.

»**Ein fremder Blick auf eine fremde Stadt**
Graugelb die Wolken ziehn am Fenster hin
Weißgrau die Tauben scheißen auf Berlin"«
                                   Heiner Müller

Die entmauerte Stadt
ist ihm fremd
nach Jahren des Exils.
Das schrille Schreien,
Bedeutung heischend
macht ihn taub.
Schwer nur
kann er atmen
Der Staub seit Jahren
schwebend
legt sich auf ihn.

Untergehen

Loslassen den Traum.
Wie den Rettungsring
Auf hoher See.

Eintreten in die Pracht
Pulvrigen Schnees.

Versinken dann,
Ohne Regung
Und Verlangen.

Du kannst nicht alles sagen,
was dir in den Kopf kommt
oder aus selben fällt, dunkel
wandelt der Tagtraum,
irgendwer schabt schon
an deiner Haut, dein Innerstes
auszuhölen, du bist Skelett
im Musterkoffer bald. Ganz frei.

IV Landnahme der Kriege

Ein Morgen im März

für Steffen Mensching

So strahlend war der Morgen und beinahe
wäre es wieder April geworden. Endlich
flüstern die Militärs und ziehen mühsam
ernste Gesichter. Endlich wispern die Politiker
und zeigen sich ernstlich besorgt.

So weiß war der Morgen, so durchsichtig bleich
und bewusstlose Köpfe,
eingewickelt in Zeitungspapier,
werden ans Tagwerk getragen.

Der zuständige Minister für den Krieg
hat Morgenlatte, die Kanone
zwischen den Beinen
will nicht sinken.

So blau war der Morgen, so endlos. Endlich
jubeln die angeschlossenen Funkhäuser.
Endlich, frohlockt die Presse der Erpresser.

Und nur über Belgrad regnet es,
passend zur Jahreszeit, Bomben.

Auch mich haben sie bekommen

Beklommen sitze ich im Jumbo
nach Frankfurt am Main und sehe im Anflug
die gläsernen Türme der Stadt.
Vorsichtig wende ich mich
um zu schauen,
ob es sich auf wen zu achten lohnt.
Nach wem, denkt ihr, hab ich geschaut?
Auch mich haben sie bekommen.

Vorläufiger Endsieg

Wer sagt, was kommt,
wird angeschaut, als hätte er ein ausgedehntes Loch
im Kopf. Augen verdrehen sich
aus den unbeschädigten Köpfen
gen Himmel.

Wer sagt, was kommt
wird angeblöckt, es wird Mitleid gesäuselt,
ob soviel verständlicher Angst.

Die Genossen Anzughalter, Dazugehörer
die fadenscheinigen Zweithautträger
haben, wie immer, vorerst gewonnen.

Im Kanton Zug, heute
warf einer eine Handgranate
und erschoss mit einem Sturmgewehr,
das er zu tragen das Recht hatte,
vierzehn Parlamentarier.

Das war kein Araber, Islamist, »Kanake«.
Der war Angehöriger der zivilisierten Welt.
Der hatte auch nicht vor zu überleben,
dort, in der rechtschaffenen Schweiz.

Die Sozialisten in Berlin schachern
mit ihren Brüdern
(die seit zweihundert Jahren unterwegs sind
zur Sonne und zur Freiheit)
zum Wohle des Volkes
um die Macht.
Die Solidarität, einst unverbrüchlich,
ist jetzt kritisch
und dafür
bei den Herrschenden.

Die Nachrichten des Tages
verwirren ihn.
War gestern schon Krieg?
Oder hat der nie aufgehört?

Jede Geschichte, sagt Aristoteles
hat einen Anfang, eine Mitte und ein Ende.

Das findet er hinreichend widerlegt.

> »In der Mitte der Dinge,
> die Trauer ...«
>
> Peter Huchel

Der gegenwärtige Krieg
tobt die dritte Woche.
Im April treibt Winterschnee
übers Meer.
Schmutziges Weiß
bemäntelt den Tod.
Er wendet vom Gebrauch
verschlissene Worte,
wie einst die Klamotten
der Schwester,
die er abtragen durfte.

> »Die Wetter schlagen um;
> sie werden kälter.
> Wer vorgestern noch Aufstand rief,
> ist heute zwei Tage älter.«
>
> Thomas Brasch

Der Wind hat gedreht.
Die See östlichen Namens
überspült den Strand.
Er predigt nicht mehr.
Gezeitenlose Eroberung.
Stumm verfolgt er
die Landnahme.

Mörder – dual

Das Wort vor dem Mord:

Selbstverteidigung

Der Tod als Marketinginstrument.

Die attraktiven Jobs:

Halsabschneider
und
Mörder am Joystick
im Schichtbetrieb mit Urlaubsanspruch.

Das Wort hinter dem Mord:

Heiliger Krieg
und
Krieg gegen den Terror.

Sprengstoffgürtel
gegen
lasergesteuerte Bombe.

Autobombe
gegen
Marschflugkörper.

Bis ihr sie endlich
verheert haben werdet
diese Erde.

Neue Zeitrechnung

für A.M.

Dieses, sein verlorenes Jahr neigt sich.
Es begann mit einem Krieg.

Der ist geblieben, hat häuslich sich
eingerichtet in noch entfernten Städten,
um weiter reiche Ernte zu halten.

Dieses sein verlorenes Jahr neigt sich.
Es wird ihm fehlen, denkt er, am Ende
der schon bemessenen Zeit.

Wieder blickt er auf das Meer ohne Gezeiten
und ahnt welch Glück ihn erreichte,
dort, am oberen Ende der Küste
und der Angst.

Der Sanddorn ist trübe geworden,
wie seine Erinnerung
an das rettende Ufer auf jener Insel.

Dieses sein Jahr endet.

Stumm flimmern die Bilder
vom endenden Sturm über Bagdad.
Müde sortiert er allzu rasch
vergilbendes Papier.
Grau verfärbt die Wände
seines Krankenzimmers.
Aber, er hört wieder.
Die Stille geht durch das Haus.

Mein Sohn hat Waschtag
Träge rekelt sich der Kampfanzug.
Trainingsanzüge mit hässlichen Vögeln
reihen sich auf der Leine.

Der Wind höhnt ums Haus.

Auf meiner Terrasse trocknet die Wäsche
der feindlichen Armee.

V Der Stand der Dinge

Mein Weltbild

I

Gewiss, mein Weltbild wird einfacher
mit den Jahren, mit jedem Detail
mit jedem Blick in die sogenannte Praxis
aus der offensichtlichen Theorie der Verschwörung,
der anzuhängen ich geziehen werde.

Gewiss, ich verschweige den Riss nicht
in meinem bewussten Sein.
Aber ich lerne einfache Sachverhalte
anzuerkennen, endlich.
Denn der Balkan ist befriedet,
Belgrad ist gefallen
an die formalen Demokraten,
die Pipeline durchs afghanische Land
wird gebaut,
denn das Öl wird knapper uns täglich.

Und Präsident Chavez ist demnächst fort
ob im Exil oder im Himmelreich
darf er selber noch entscheiden.
Und die Kokabauern Kolumbiens
sind sehr bald tot oder
Sklaven der modernen Zeit.
Und Präsident Lula wird dann Treuhänder sein
des IWF oder abgewählt.
Wahrscheinlich in der Reihenfolge.
Man sagt, es gäbe keine Wahl.

II

Mein Weltbild wird einfacher mit den Jahren.
Denn Allende, lerne ich, war irgendwie
auch Stalinist und Neruda kein Dichter.
Und die Revolution ist nimmermehr
die Zärtlichkeit der Völker
sondern ihr Verderben.
Am Hunger im abgehängten Teil der Welt
sind immer die Anderen schuld.
Und die Schreiberlinge der Feuilletons
erklären den gegenwärtigen Zustand dieser Welt
so schön schlüssig, dass einem ganz leicht wird
im Kopf.

III

Aber die dunklen Stunden,
wenn der Wind böse ums Haus faucht.
Kronstadt, Bucharin vor dem Henker,
Budapest, Prag, Afghanistan.
Große Sprünge ins Leere.
Der Widerstand gegen jedwede Realität,
die ins eigene Bild von der Welt
sich nicht zwingen ließ.

Die dunklen Stunden.
Das Zerren des Sturms an den verbliebenen Haaren
und der Widerstand in mir
gegen das wohlfeile Verständnis
um den Gang der Dinge.
Die lebendigen, dunklen Stunden.

IV

Die Bilder sind es, die täglich
den Rest unseres Verstandes fluten.
Nur des Mitleids sind wir noch fähig.
Mitleiden verrottet im passiven Sprachschatz.
Mildtätigkeit bei einer Flut im eigenen Land,
Solidarität geheißen
(auch so eine feindliche Übernahme von Sprache).
Die Herrschaft der Schlauberger, die immer noch
einen guten Tipp parat haben
für die Darbenden auf diesem Planeten
ist nicht mehr auf die Talkshows beschränkt.

Und ich, blaustichig geworden
vom medialen Konsum, paralysiert
von soviel gestalteter Realität,
gedenkend meines einfacher werdenden Bildes
vom Zustand der Welt, erinnere mich endlich
der Vergesslichkeit.

Der kommende Aufstand wird nicht schön,
nach barbarischen letzten 100 Jahren,
sicherlich nichts für Ästheten.

Den Paladinen und Lakaien der untergehenden Macht
werden mit Draht verstärkte Krawatten gereicht.

Nachts, an den Laternen, drehen sie sich im fahlen
                                                                  Licht,
wenn ein lauer Wind in ihre Einheitsanzüge fährt.

Nach vierzehn Jahren

Das Land ist noch da.
Man hat es angemalt.
Da ist nichts amputiert.
Der Schmerz kein Phantom.
Schlote schleudern
keinen Dreck mehr.
Arbeit ist aus.
Rußgraue Gesichter
vor EVI'S IMBISS.
Bierdosen in fahrigen Händen.
Die Erpresser im Haus
mit dem roten A erwarten
weiter viele Kunden.
Die warn das Volk.
Das Land ist noch da.

Alles wird gut

Die Bank hat doch die Aluchips umgetauscht.
Jetzt haben Schulden wieder
einen Wert.

Die Filialen
unserer Verwalter ziehen in die nächstfernere Stadt.

Gratis berieselt die Werbung
uns täglich. Die Bank,
auf der einer von uns
sein Nachtlager bereitet,
ist neu, und Vorsicht!
frisch gestrichen.

Immer früher steht die Sonne tief.
Doch noch fällt kein Schnee.

Ein gutes Zeichen, sagt der Abgesandte
der SPD.

Berlin, Zwischenmeldung 19.01.2014

Nicht gerade diese Woche,
doch fühlbar, Liebste,
neigt sich die Epoche.

Es brodelt seltsam
unterm Pflasterstrand.
Sie graben eine U-Bahn
direkt ins Viertel der Lakaien.

Die können den Anblick
der Regierten nicht ertragen.
Das nenne ich Vorsorge.

Und sonst? Wie weiter?
Man wartet heiter
auf den nächsten großen Krieg.

Die Pest ist zurück

An den Türen das abweisende Schwarz.
Geister unserer teuren Toten streunen
Durch die Straßen, windstill. Es riecht
Nach Erfolg und Ausdünstungen
Der Sieger der Epoche.

Rückspiegel

1978

Im Neonlicht, weiß von Isolation
Mehr Demokratie wagen. In Stammheim.
Das Gesicht nach unten,
Den Maulkorb verbergend, trottet
Das Pressekorps durchs Tor
In die Freiheit.

Optimismus

Die Wegmarken aus Brot
haben Raben gefressen.
Ich kann nur weiter.
Auch meine Söhne schließlich
erfinden das Rad wieder neu.

Relativität

Die Liebste kommt,
mir lächelt die Epoche,
die Welt wird mir erliegen.

Die Liebste kommt,
sie bleibt 'ne ganze Woche,
dann muss sie wieder fliegen.

VI Don't be a Stranger

Es gibt ein Glimmen
in ihren Augen, das
entscheidet, ob man
ihr angehören darf.
Als Mensch,
Freund
oder Liebender.

Jeden erkennt sie.
Sie hat lernen müssen,
dass sie wählen muss.
Und sich dabei
nicht mehr irren darf.

Lob des Handys

Es war früher nichts
als ein Telefon.
Jetzt wird es, stets geladen
in Nähe des Herzens
getragen.

Manchmal streichelt
er die Tasten.
Es darf inzwischen
mit ins Bett.

Es verströmt Wärme.
Immer wieder
hat er Lust
es zu berühren,
die nächste Nachricht
der Liebsten
zu entblättern.

160 Zeichen

Sie reden miteinander.
Sie verbringen den Tag.

Er tut das, was er
für Arbeit hält.

Sie versorgt ihre Kinder,
ist ihrem Gatten zu Diensten,
soweit sie es vermag.

Sie lachen zusammen.
Sie beschützen sich.
Sie berühren sich.

Alles in 160 Zeichen.

speaks natalian

Alles tut weh.
Schluss machen.
Deine sms löschen.

Du fehlst mir.
Und ich fehl mir auch.
Schwarze Minute.

Bin mit Worten
viel länger nicht
zu trösten.

Ich schwarzer
Pechvogel.
Ich.

Sie, wach geworden,
sieht einen Weg
im trübem Morgen
und kann ihn nicht gehn.

Sehn und dann gehn,
danach ist ihr Leben nicht.

Also wandert sie
im Zwielicht und im Kreis.

Und muss aushalten,
was da kommt.
Kann nur an sich selbst
sich halten.

Und manchmal,
in schwarzen Stunden,
an einen alten Kater,

der für eine Weile noch
durch Berlins Straßen
streift.

Sie geht

Ein Stück wollen sie noch gehen.
Gemeinsam.
Zu früh.
Zu spät.
Viel zu spät.
Egal.

Sie ist auf jene Lichtung
eben erst getreten.

Das Gras
nachtfeucht noch,
sie legt
die Hand
vor die Augen
und zögert.

Ein Lächeln,
ein Blick zurück,
auf ihn dort am Rand.

Im sichren Schatten
lächelt auch er.

Dann geht sie.

Dieses Jahr endet
ohne Rücksicht auf den Kalender.
Er ordnet also, was ihm
geblieben ist von ihr.

Den alten Pass, Starcevic, geboren
in der SOCIJALISTICKA FEDERATIVNA
REPUBLIKA JUGOSLAVIJA
(auch dieses Land ist längst zerschunden)

Er räumt
ihre Gedichte
ihre Bilder,
ihren Blick,
in eine Postschachtel.
Versandfertig.
Jederzeit abrufbar.
Wie er.

Dieses Jahr endet.
Der Winter hat sich
in den Sommer gerettet.
Soweit hat auch er
nicht gedacht.

/94/

Herbstzeitlose

Noch muss er vage
und am Leben bleiben.
Die Sonne steigt
und zeigt sich
noch am Tag.

Kein Wall ist errichtet
vor seiner Tür,
unter der hindurch
die Blätter treiben.

Denn er träumte,
sie käme
und würde
den Winter bleiben.

Unterschiede

Er ist übrig.
Sie hat überlebt.

Er ist böse.
Sie kann es nicht sein.

Er erkennt den Augenblick.
Sie lebt ihn.

Er sieht Menschen.
Sie mag sie.

Für Nataly

Fieber

Wie ich dich gesucht habe,
Hetzend über die Hügel
der Kindheit.
Schweißnass glänzend,
glühend vor Sorge,
und nirgends ein Zeichen,
dass du wirklich bist,
und keine Ausgeburt
meiner Phantasie.
Wirklich bei mir,
kein Gebilde
aus Licht und Staub.
Und im Grauen
des Morgens,
höre ich, Liebste,
deinen Atem regelmäßig
und ahne
mein Glück.

> **»Du erhellst die dunkle Seite meines Herzens ...«**
> **Eliseo Subiela**

Ich bleibe auf dieser Welt,
gehe durch ein Meer
von Lügen, täglich.
Klaglos verrichte ich Tätigkeiten,
die ich nicht kann.

Ich achte darauf
niemanden über Gebühr
zu verletzten.
Streng prüfe ich
täglich den Rest
meines Verstandes.

Bei Troste bin ich nur,
weil N. mir beigebracht hat,
wo der Schmerz
wirklich sitzt,
wo das Loch ist
in uns, wo es wohnt
in der Welt,
und dennoch nicht verzweifelt.

Seit schon 10 Jahren.

»Ich ahne:
wenn Du aufhörst
mich zu lesen,
verschwinde ich ganz.«
  Nataly Murray »Aroma«

Und bleiben können.
Diese Frau hält ihn fest
und hält ihn noch aus.

Erträgt seine Tiraden,
seine Wut und verlächelt
seine Schwäche.

Gelassen übergeht sie
alle Anzeichen
der Dämmerung.

Wenn sie winkt
zum Abschied,
meint er,
sie streichle Luft.

VII Perspektiven

Perspektiven

Zu Alexander Polzins Skulptur *Requiem*

I

Holz war der Ursprung.
Das wird brennen. Fünf Fackeln im Sturm.
Ein Scheiterhaufen für die Wesen,
die da Engel waren, vielleicht,
bevor die Zeitrechnung (wie viele Male noch?)
neu beginnt.

II

Holz brennt gut. Verkohlt. Zerfällt.
Das war vorherzusehen: Das Material solider,
am Ende. Also Schmelztiegel, Bronze flüssig.
Es bedarf nur Zeit, fürchtet er,
ausreichend genährtem Feuer,
fürchtet er in taghellen Nächten
und er fürchtet zurecht.

III

Revolution?
Fünf Wesen. Aus einem Stamm.
Aus einem Holz.
Grobschlächtige Vereinfachung:
Das Prinzip Engel?
Doch unterscheidbar schweben die Wesen
mit ihren offenen Schädeln und Augenhöhlen.
Evolution:
Nach der Zeitrechnung eben.

IV

Die Flügel Staffage.
Kein Mensch kann fliegen.
Der Ulmer Bischof ward nicht widerlegt.
Sein Lächeln geriet sicher weniger breit,
als auch seine Heimstatt brannte.

Aber auch der da,
an der Spitze der Gefährten
wird nicht fliegen,
wie wohl ausgestattet mit beachtlichem Gerät.
Ein Flattern wird es, allenfalls.
Ein geköpftes Huhn.

V

Aber der Standpunkt des Betrachters,
denkt er, tut vielleicht etwas zur Sache.

Cut/ Sicht von vorn/ leicht von unten links

Eine Erschießung. Goya lässt grüßen.
Die Flügel des vorderen Wesens ausgebreitet
zum Schutz der anderen Delinquenten.
Sinnloses Bemühen.

Cut/ Sicht leicht von oben

Entscheidendes wird geschehen.
Man steht und müsste gehn.
Die Gefährten, noch verharrend,
wissen, die Debatte endet.
Aufbruch also. Jetzt.
Der Erste – es ist immer der Erste –
muss nun
einen Fuß vor den anderen setzen.

Ein halbherziger Versuch oder ein Sturz.
Der erste ist es nicht.
Aber vielleicht der letzte.

Cut/ leicht von unten/ frontal

Die Wesen als Gefährten.
Sich rüstend, entschlossen, nicht militant.
Hier bricht keiner durch! An der Gefährten Wand
kommt keiner vorbei! NO PASARAN!
Das Wesen vorn, die Schwingen ausgebreitet,
sperrt, denkt er, eine ganze Straße.
Das Böse, denkt er, wird aufgehalten.

Dann erinnert er Fackeln und einen Fluss
aus Metall.

VI

Lavater und die Lehre von der Physiognomie.
Er bedauert, was ihm alles in den Kopf fällt.
Die geöffneten Schädel, die dunklen Augenhöhlen
halten ihn auf.
Ohne Arg, denkt er noch, sind sie von Statur und
Gestalt.
Wohlmeinend irgendwie.

VII

DA SIND WIR ABER IMMER NOCH
Der mangelnde Glaube an Endlichkeiten.
Fortschritt nur mehr als Vergehen von Zeit begriffen.
Nach zwei Jahrtausenden Barbarei folgt ein drittes.
Dann sehen Engel so aus. Und aus sich heraus.
Das uns mögliche Maß. Optimismus.

VIII Plagejahre

Es eilt die Geschichte,
zu wiederholen sich
als Farce.
Dies schließt
– da sei gewarnt –
echte Tode nicht aus.

Die Deutschen kauen
– mal wieder –
auf den Lehren
ihrer Geschichte herum,
enttäuscht
über den Nährwert der Ration.

Verlegen wendet sich
Michel (wieder)
von der Klassenfrage
zur Rassenfrage.

Vorm Kommunismus
wird ausdrücklich gewarnt.
Denn dann, ach Gott,
sind wir gleich wieder
bei Pol Pot.

Sommerende

Und wenn es dann
doch so sein wird,
dass alles vergebens war,
und der Herbst wütet
als ein einziger Sturm
vor dem letzten schmutzig
weißen Winter,
und wir nichts werden
bewegt haben
und nichts hinterlassen,
was irgendwer braucht
und einfach vorbeigehen also,
enden,
wie ein Schwarzweißfilm
kurz nach Mitternacht.

Ein deutscher November

So langsam gewinnt sie Gestalt
die große Koalition
der Herzlosen.

Wie der Innenminister
vom Schutz,
dem subsidiären faselt
und der Finanzminister assoziiert
eine Lawine,
und schon würgend
denke ich
an all die Ehrensoldanwärter,
die einen Wink nur brauchen,
um zu handeln,
nicht nur zu hetzen.

Und innig wie nie
erinnre ich mich
– seligen Angedenkens –
des Antifaschismus,
verordnet
in unserem halben Land.

Aber die veteranen Mörder
der blauen, spanischen Division,
und der lettischen SS,
erhalten pünktlich ihre Pensionen
von der letzten
deutschen Demokratie.

Ehre, wem Ehre gebührt.

Ein Morgen in Bautzen

Es wird doch hell
an diesem Morgen.
Die Sonne steigt
und glitzert stumpf
überm eingestürzten Giebel.

Trotzig zeigt der Dachstuhl
seine Narben. Ausgebrannt
steht die Heimstatt
für Menschen in Not.

Ein bissiger Wind
verteilt flirrende Asche,
die noch nicht wieder
von Menschen stammt.

Das letzte Café in S.

Der Mann am Klavier
hängt sich auf
am immer gleichen Akkord.
Nylonstrümpfe wispern.
Im Abendlicht tanzt
der Staub von Jahren.
Der Frau
hinter der Kuchentheke
fallen die Augen.

»Schreiben ist Sterben lernen«
Ilse Aichinger

Novembertag

Der Nebel wallt über
das Licht des Tages.

Wie ein Lufthauch, lautlos
streift der Tag an dir vorbei.
Und schon steigt der Mond
überm Dachfirst.

Dein Atem schwer,
obschon du nur dich selbst
dem frühen Abend
entgegenschleppst.

Eisig lächelt schon
das Firmament. Schlaflos
wird die Nacht dir begegnen.

Trostfrei knistert der Nachtfrost.
Ein Tag Leben
ist dir also durchgeronnen.

Dezember 2016

Was braucht es noch?
Brandstifter schreien
auf den Plätzen,
Biedermänner hantieren
in den Talkrunden mit Benzin.
Fakten schaffen,
Pflöcke einschlagen
mit der Leitkultur.
Brüllende Brandmelder,
Landauf. Landab,
Rauch der Dummheit
über frierender Landschaft.

Aussichten

Satt und matt,
besonnt
von Auskömmlichkeit
quasseln sich
die Parlamentsdemokraten
der nächsten Schlachtbank
entgegen.

Vorwärts und abwärts. Egal

Die Mühen der Ebene liegen
noch vor ihm, so hofft er.
Zunächst nach oben
hat er den Wagen geschoben.
Triste Aussicht: Glimmender Sand.
Von wegen Pflasterstrand.

> *Das ist zwar beschissen,*
> *doch liegt voll im Trend.*
> *Die Revolution pennt schon lange*
> *mit dem Establishment.*

Die abschüssige Straße
bringt dein klapprig Gefährt
so richtig ins Rollen.
Die Seifenkiste aus Stahl
rennt ins Tal,
Im Wind der Fahrt
flattert die Fahne
der einstigen Revolution.

> *Das kann man noch ändern,*
> *Das wiegt nicht so schwer,*
> *Diese Revolution wollte*
> *eh keiner mehr.*

In der Ebene aber geifert,
mit feuchten Lefzen das
GESCHLECHT ERFINDERISCHER ZWERGE
zur Verbesserung der
BESTEN DER MÖGLICHEN WELTEN.
Und die ähnelt verdammt
Dantes zischender Hölle.

> *Da ist nichts gerissen,*
> *das ist konsequent*
> *wenn die Fahne am Ende*
> *als Leichentuch brennt.*

Sie eilen vom Fortschritt
zur Regression. Sie fressen nur Bio
und nur aus der Region. Und Gender
ist ihre neue Religion. Sie sind tolerant,
das weiß man schon, so lang man ihnen
nicht kommt mit der Revolution.

>»Plagejahre, Übergang –
Manches dauert gar zu lang.«
>
> Peter Hacks

Der Agendaarchitekt
ist Präsident!
(welch treffliche Zusammenfassung
des bisherigen Geschehens)
Sie fühlen,
etwas kommt über sie.
Und rennen
weiter im Hamsterrad.
Sie haben alles.
Und nichts verstanden.

Die Föhnfrisur sitzt

Der Präsident der Millionen
Und Milliardär, sagt, er gebe
Dem Volk die Macht zurück.
Er ballt dazu,
Im feinen Zwirn die Faust
Wie ein Arbeiterführer.

Die Verkürzung der Tage
beschleunigt den Puls
der Sorge.
Früher erobern die Krähen
ihren Platz auf abendlich
funkelnden Drähten.
Bei der Formulierung
des Niedergangs
im Zeitalter
des Terrors der Ökonomie
ist Eile geboten.
Ich kann dich denken hören,
sagt die Liebste
und häkelt die nächste Reihe.

IX Fluch & Flucht

> »Lasst sie doch!
> Wenn keine Narren auf der Welt
> wären, was wäre die Welt?«
>
> Jakob Michael Reinhold Lenz
> (1751–1792)

Flucht ist Fluch

I

Kein Entrinnen,
aus dem Schlamm, kein Weg,
der noch gen Straßburg führt.
Festgehalten
in deutscher Provinz.

Über die Hälfte
des jungen Lebens:
Nicht zu klug,
zu romantisch nur
um nützlich
sich zu machen.

II

Das Stirngewölbe brüchig,
den Winden ausgesetzt.
Eine zugige Heimstatt
im Sirengesang.
Weimarer Hintertreppentanz,
Jenaer Ignoranz.
Trostfreier Zuspruch
subaltern dargereicht,
abgewandten Blicks.

> *Ich, der Narr mit leiser Schelle,*
> *raste nur den Augenblick,*
> *werd' vertrieben auf die Schnelle*
> *Nebel schließt den Weg zurück.*

III

Ortswechsel.
Also Flucht.
Der Landläufer reist nicht.
Er rennt.
Er hält sich
zwischen
Sonnenauf
und
Untergang.

Und ich komme zu den Freuden
Die fremd mir nur erscheinen
Ich, der Läufer zu den Sternen
schlafe lieber bei den Schweinen.

IV

Man verbringt ihn,
postlagernd, zum Pfaffen.

Er scheint verständig
und ist nur aus der Welt.

Heiter sieht er die Verdrehung
aller Verhältnisse.

Nur war es ihm manchmal unangenehm,
dass er nicht auf dem Kopf gehen konnte.

Und das Gebirge
senkt sich auf ihn
und nicht der Himmel.
Und alles gerät
gleichsam
in Ordnung.

> *Ich spiel noch mit der Sprache;*
> *dieser knorrig teutschen Eiche,*
> *dass sie meiner sich erbarme*
> *oder immerhin erweiche.*

V

Verstrickung. Verschickung
einer Landplage.
Er wird gewendet gen Osten.
Kein Flehen hilft.
Der Vater solls richten.

Das ist so gemeint.

Du bist mein erstes Opfer
Die Selbstverheulung
ist abgeschlossen,
der Brunnen leer.

Umsonst scharrst du,
immer nachts,
an der gedachten Tür
meines Obdachs.

Du bist mein erstes Opfer.

Deine Stimme
habe ich verbannt.
Die eine, die meine
schon allein,
bringt mich
um den Rest
meines Verstandes.

Du bist mein Opfer.

Still ist es geworden

Mir fehlen
deine gespitzten Lippen,
dein Schalk,
der dem Wahnsinn immer folgt.

Deine Stimme,
viel zu grob
für deine Gestalt.
Du Bauer,
du Tropf der Liebe.
Du Faunus
mit angezogenen Beinen
auf dem Bett der Narretei.

Alles war so wohl,
so wohlgeordnet
und nichts
ist besser geworden
durch die Stille.

Nun also höre ich
nur noch mich.

Geh schon mal voran.
Lass mich als Pfand da.

Ach, wenn ich ginge,
ginge ich doch fehl.

Koste schon mal vor.
Ich bringe nichts
hinunter und hinein.

Stirb schon mal.
Ich verschenke derweil
meine Lebensversicherung.

»Der Reisewagen
hat ein Rad verloren.«

Maxim Gorki »Das Werk der Artamonows«

I

Seine Maschine stottert,
Was alles fehlt dann
nach des Schnitters Werk.
Wochen, täglich verschwimmen
zwischen fauchenden Monitoren.
Mit Mühe findet er
aus der Nacht,
die sich öfter anschickt
zu verweilen.

II

Die innere Stimme
Verschlug es ihm
Für Tage. Nichts.
Nur der
Trommelnde Herzschlag.

III

Rückzug
zum eigenen Tellerrand.
Nichts mehr zu halten
außer der Hand der Liebsten,
die täglich
nach dem Schmerztier sieht.

IV

Verschickt zur Sammlung schließlich
aufs Brandenburger Land,
mit ordentlicher Tagesübung,
lächelnd den Spreearmen folgend,
exerzierend die alltägliche Verwendung,
ausgesperrt aus der Welt.

V

Atemübungen schlaflos,
die Nacht ihm auf den Fersen,
die einmal nicht mehr
enden wird.

VI

Ich kann dem Krebs aber
nicht immer hinterher schneiden
sagt sein Schutzengel in Weiß,
die Stirn gefurcht,
mit ausgebreiteten Schwingen.

XI Plagejahre 2

Aus dem ahnungslosen Tal

Ein Tellkamp im Turm
mit weitem Blick aus dem Kessel
FAKE NEWS geifernd im Ton
der Inquisition.

Ein Grünbein indes hält tapfer
hoch den Mistelzweig,
verschwurbelt wie sein Text
sein Bekenntnis zur Demokratie.

Und stumpf ist dieser letzte Tag,
Mein Hirn spielt nicht mehr Fangen,
Das Jahr hat sich hinweg gestohlen,
Die Zukunft ist verhangen.

(**Silvester 2018/2019**)

Einheitwendefeiern Oktoberfest,
dunkle Wolken drängen,
Karel Gotts Biene Maja
plärrt übern Alexanderplatz.
Wind pfeift um
hölzerne Buden, aufgestellt
ewig gleich im Karree.
Missmut schlürft an der Maß.
Regen ist zu erwarten.

3. Oktober 2019

**Erdogans Krieg
und Deutschlands Beitrag**

Deutsche Panzer rollen gegen syrische Städte
Der Coverboy des Außenamtes
Gibt sich empört
Und schwört,
Es gäbe keine neuen Waffen.
Automatisch suche ich und finde
Das Kleingedruckte.

11. Oktober 2019

Fallfeiern   9. November 2019

I

Bunte Zettel aufgefädelt auf Stricke
zieren die Straße des 17. Juni,
Hoffnungen, Wünsche, gemeine Plätze,
es schwirren volksverhetzte
dummgeschwätzte, verlogene
Aussagesätze in den Nachthimmel.

II

Auferstanden aus Ruinen,
und dem Nachlass zugewandt.
Lasst uns endlich dich begraben
Deutschland einig Unverstand.

III

Der Bundespräsident redet
über Demokratie.
Das Volk ist erschienen
am Brandenburger Tor.
Es wird nicht gelacht.

IV

Das Trommelfeuer der Medien hält an.
Jede Erinnerung, WO WARST DU ALS
DIE MAUER FIEL, ist es heute wert
in ein Mikro gekreischt zu werden.

V

30 Jahre später sitze ich noch
immer in meinen vier Wänden
und sehe den Menschen zu
wie sie Leute werden.
Und wieder gibt es nicht viel,
was ich tun könnte dagegen.

VI

Das wirkliche Grau kam erst später.
Mitten im Frühling war die Freiheit
in der Allianz für Deutschland aufgegangen.
Das kann man abkürzen: AfD.

XII Kleine Virenkunde

Der Betrieb ist eingestellt

Nacht senkt sich schwarz
über die Stadt.
Still schwebt die leere Straßenbahn
vorbei an einem wartenden Fuchs.

Das Imperium sucht Schuldige
für die Toten der letzten Wochen.
Unerträglich, die Massengräber
New Yorks auf Hart Island, die
wieder die Insel
der armen Toten wird.

Die Panik schleppt sich
allmählich erst heran.
Die Mittelschicht begreift
erst nach und nach
ihren Untergang.

Staub senkt sich schließlich
auf die Bühne. Niemand kommt
aus dem Kulissengang und brüllt,
alles sei bloß eine Übung.
Und für die heisere Kassandra
schickt keiner endlich
die Zweitbesetzung raus.

Und alles geht erst gar nicht
und dann schnell.
Rasante Entschleunigung
in den Bankrott.
AUTOS KAUFEN KEINE AUTOS!
Und, Überraschung,
das frisch gedruckte Notenbankgeld
kann man nicht essen.
Und im Home Office kann er
die Welt nun mal nicht retten.

Nur Abstand halten
und alles wird schon
wieder werden
wie es war.
Diese Predigt schwappt über die Medien.
Die Häuser der diversen Götter
sind geschlossen,
und der abgehängte Teil der Welt,
beginnt gleich hinterm nächsten Autobahnkreuz:
Flüchtlingsheime,
Fleischfabriken,
Logistikzentren
die Nachtquartiere der Erntehelfer.
Die haben doch,
so hört man,
eh keine Hygiene
Und wir waschen mehrmals täglich

unsere Hände
in Unschuld.

Und die Kranken
in den Slums von Rio, Kalkutta oder
wirklich um die Ecke
sehen nie ein Hospital.
Sie sterben,
werden nicht gezählt
und zählen nicht.

Wieder entscheidet die Herkunft alles.
Widerstand ist nicht zwecklos,
gilt aber als altmodisch.

Das ist der Krieg
KLASSE GEGEN KLASSE
im Jahre 2020 »nach Christus«.

 Wegmarken

Schwester

Am 11. September 1973 putschte das chilenische Militär, maßgeblich unterstützt durch den amerikanischen Auslandsgeheimdienst CIA gegen die frei gewählte Regierung der Unidad Popular, einem breiten linken Wahlbündnis. Der gewählte Präsident Salvador Allende starb während der Kämpfe um den Präsidentenpalast La Moneda.

Zufällig geboren in eine Zeit

Die Artisten in der Zirkuskuppel: ratlos ist ein preisgekrönter Spielfilm von Alexander Kluge. Er wurde am 30. August 1968 uraufgeführt.

Niemand

»*auf die DENKBAR SCHWERSTE WEISE*« ist eine Anspielung auf den Beginn des Romans »Bronsteins Kinder« von Jurek Becker. Der erste Satz lautet: »Vor einem Jahr kam mein Vater auf die denkbar schwerste Weise zu Schaden, er starb.«

Erinnerung an einen Genossen

Glotz nicht so romantisch
»Glotzt nicht so romantisch!« war ein Leitspruch des Dichters und Dramatikers Bertolt Brecht. Es war eine Aufforderung an die Zuschauer, die Identifikation mit Schauspieler und Rolle zu durchbrechen. Zu diesem Zweck schuf Brecht auch den sogenannten Verfremdungseffekt.

Zwischenbilanz im Jahre 9

Anschluss unter Nummer 23
Gemeint ist hier der Artikel 23 des Grundgesetzes der BRD. Der Beitritt der DDR zum Geltungsbereich des bundesdeutschen Grundgesetzes nach Artikel 23

war ein möglicher Weg zur staatlichen Einheit Deutschlands. Eine zweite Möglichkeit wurde durch Artikel 146 des Grundgesetzes eröffnet: die Ausarbeitung einer neuen, gemeinsamen Verfassung.

Einst lebte ich auf der Sonnenseite

Denn an jenem Tag im August ist der alte Mann gestorben, Gemeint ist hier Walter Ulbricht (geb. 30. Juni 1893; gest. 1. August 1973)

Gerlos

Gerlos ist eine Gemeinde mit 798 Einwohnern im Bezirk Schwaz in Tirol. Die Gemeinde liegt im Gerichtsbezirk Zell am Ziller. Erstdruck des Gedichtes in dieser Ausgabe.

Ein Morgen im März

»und beinahe/ wäre es wieder April geworden...«
Am 24. März 1999 begannen NATO-Streitkräfte, die Bundesrepublik Jugoslawien zu bombardieren. Es war, abgesehen von zahllosen Kriegen ihrer einzelnen Mitglieder – der erste Kriegseinsatz des Bündnisses – und der erste Krieg deutscher Truppen seit 1945.
Die faschistische deutsche Wehrmacht griff am 6. April 1941 das Königreich Jugoslawien an. 484 Bomber und Sturzkampfbomber sowie 250 Jagdflugzeuge der Wehrmacht eröffneten den Krieg mit einem für die Zivilbevölkerung verheerenden Luftangriff auf Belgrad.

**Auch mich
haben sie bekommen**

Tagebucheintrag vom
19. September 2001, 8 Tage
nach dem Angriff auf das
World Trade Center in New
York. Die Anschläge kosteten
2.992 Menschen das Leben.

Vorläufiger Endsieg

Tagebucheintrag vom
24. September 2001

Im Kanton Zug, heute

Tagebucheintrag vom
27. September 2001

**Die Sozialisten in Berlin
schachern**

Tagebucheintrag vom
16. Dezember 2001

**Die Nachrichten
des Tages**

Enthält eine Anspielung auf
die Klassische Dramentheorie
nach Aristoteles.
Ein Drama ist nach Aristoteles
nur dann stimmig, wenn sich
alle Teile aufeinander beziehen:
Am Anfang muss bereits alles
angelegt sein, was sich im
Mittelteil entwickelt. In der
Mitte verläuft die Geschichte
so, dass sie sowohl den
Anfang aufgreift als auch zum
Ende überleitet. Das Ende
muss einen Bezug zur Mitte
und zum Anfang aufweisen.
Alle Handlungen müssen
sich auseinander ergeben
(Prinzip der Kausalität).

Der gegenwärtige Krieg

Tagebucheintrag vom
8. April 2003
Der Krieg gegen den Irak –
ein völkerrechtswidriger
Angriffskrieg durch die
»Koalition der Willigen«
dauerte – in seiner
1. Phase – vom 20. März
2003 bis zum 1. Mai 2003.
Er kostete hunderttausende
Menschen das Leben.

Der Wind hat gedreht

Tagebucheintrag vom 10. April 2003. An diesem Tag endeten weitgehend die Kampfhandlungen gegen die reguläre Armee des Irak. In der Folge wurde Irak von den Besatzungsmächten verwaltet. Es kam zu zahlreichen Aufständen und Angriffen auf die Besatzungstruppen.

Stumm flimmern die Bilder

Die erste Fassung des hier abgedruckten Textes entstand am 9. April 2003

Mein Weltbild

Der Text erschien 2004 zunächst in der Zeitschrift »Die Brücke«

Nach vierzehn Jahren

2004 erstmals abgedruckt in dem Band »Balance am Rand« erschienen in der Edition Schwarzdruck.

Perspektiven

Eine erste Fassung des Textes, dem Bildhauer Alexander Polzin gewidmet, erschien in der Anthologie »Requiem« 2011, im Verlag Matthes & Seitz Berlin.

IV
Der Ulmer Bischoff ward nicht widerlegt.
Gemeint ist Brechts Gedicht Der Schneider von Ulm.

VII
DA SIND WIR ABER IMMER NOCH
Zitiert nach dem Song des Oktoberklubs: »Da sind wir aber immer noch, und der Staat ist noch da, den Arbeiter erbauen. Das Land, es lebt, es lebe hoch, weil Arbeiter sich trau'n.«

Ein deutscher November

»Deutschland gibt noch immer mehr als 100 000 Euro pro Jahr für ehemalige spanische Kämpfer aus, die im Zweiten Weltkrieg freiwillig die Wehrmacht unterstützten. Pro Jahr fließen an 41 Veteranen, acht Witwen und einen weiteren Hinterbliebenen in Spanien Rentenzahlungen in Höhe von insgesamt 8946 Euro monatlich. Das geht aus einer Antwort der Bundesregierung auf eine Anfrage der Linksfraktion hervor, die der Frankfurter Rundschau vorliegt.« Zitat aus der Onlineausgabe der FR vom 10.11.2015

Ein Morgen in Bautzen

In der Nacht zum 21. Februar 2016 steckten Unbekannte das ehemalige Hotel »Husarenhof«, das als Asylbewerberunterkunft für 300 Personen vorgesehen war, in Brand. Der Dachstuhl brannte aus. Als der Brandalarm bei der Feuerwehr einging, hatten sich nach Polizeiangaben bereits rund 30 Personen auf dem Platz vor der Unterkunft versammelt. Von Schaulustigen wurde teils »unverhohlene Freude« geäußert.
In der Nacht zum 13. Dezember 2016 wurde die in Bautzen bestehende Flüchtlingsunterkunft von Neonazis mit vier Brandsätzen angegriffen.

Der Agendaarchitekt

Frank Walter Steinmeier, maßgeblich für die Entwicklung und Umsetzung der Agenda 2010 unter Kanzler Gerhard Schröder (SPD) zuständig, wurde am 12. Februar 2017 durch die Bundesversammlung zum Bundespräsidenten gewählt.

Die Föhnfrisur sitzt

Am 20. Januar 2017 wurde Donald Trump als Präsident der Vereinigten Staaten von Amerika in sein Amt eingeführt.

Flucht ist Fluch

Der Dichter Jakob Michael Reinhold Lenz (1751–1792) war einer bedeutendsten Dichter des Sturm und Drang. Ende März 1776 folgte Lenz Goethe an den Hof nach Weimar. Die Weimarer Hofgesellschaft nahm ihn zunächst freundlich auf. Aber bereits Anfang Dezember wurde er auf Betreiben Goethes wieder ausgewiesen. Der genaue Hintergrund ist nicht überliefert. Goethe brach danach jeglichen Kontakt mit Lenz ab. Der weitgehend mittellose Dichter Lenz fand jeweils nur noch vorübergehend Unterkunft oder Anstellung. Seine Gesundheit wurde zusehends zerrüttet. Im Mai 1792 wurde tot in einer Moskauer Straße aufgefunden. Das Zitat (S. 127) stammt aus der Anfangspassage der Novelle »Lenz« von Georg Büchner.

Kapitel X – XII

Bei sämtlichen Texten dieser Kapitel handelt es sich um Erstdrucke in dieser Ausgabe.

Aus dem ahnungslosen Tal

Der Dichter Durs Grünbein und der Schriftsteller Uwe Tellkamp trafen sich am 8. März 2018 im Dresdener Kulturpalast vor Hunderten von Zuhörern zu einem Streitgespräch. Tellkamp verstieg sich unter anderem zu der Behauptung, 95 Prozent der Flüchtlinge seien eigentlich Einwanderer in die Sozialsysteme, also nur 5 Prozent, die tatsächlich vor Krieg und Verfolgung fliehen würden.

Erdogans Krieg und Deutschlands Beitrag

Der Coverboy des Außenamtes
Gemeint ist der SPD- Politiker Heiko Maas, der seit dem 14.03.2018 das Amt des Bundesaußenministers inne hat. Die türkische Militäroffensive in Nordsyrien seit Herbst 2019 ist eine militärische Operation der türkischen Streitkräfte in den nördlichen Provinzen Syriens. Der Angriff richtete sich gegen die kurdische Selbstverwaltung in diesem Gebiet. Er begann am 9. Oktober 2019 mit Luft- und Artillerieangriffen und wurde am folgenden Tag mit einem Einmarsch türkischer Bodentruppen sowie verbündeter islamistischer und terroristischer Milizen auf syrisches Staatsgebiet fortgesetzt. Die türkische Führung nannte den Einsatz »Operation Friedensquelle«. Die völkerrechtswidrigen Angriffe wurden u.a. mit aus Deutschland gelieferten Panzern des Typs Leopard II ausgeführt.

Das Imperium sucht Schuldige

Die Zahl der Toten, die dem SARS-CoV-2-Virus zum Opfer fielen, stieg in den USA rasant an. Die Trump- Regierung suchte Schuldige bei der WHO und China, dem Ausgangspunkt der Pandemie. Allerdings konnte sie auf Dauer nicht vom eigenen Versagen ablenken. Als die Opferzahlen die der amerikanischen Armee im Krieg gegen Vietnam überstiegen, fand dies ein breites Medienecho.

 Inhalt

I Das Ende vom Lied   5

Schwester   6
Lazarett einer Vereinigung   10
Niemand   11
Erinnerung an einen Genossen   12
9. November   13
Der Morgen danach   13
Das Ende vom Lied   16
Deutschland, 1997   17
Kleine politische Farbenlehre   18
Monopoly Reality   19
Zwischenbilanz im Jahre 9   22

II Wo er war   23

Einst lebte ich auf der Sonnenseite   24
Keine Freunde   30
Die Nacht stieg   31
Risse   32
Und immer die Angst   33
Jede Herbstnacht   34
Einsichten   35
Ausgesetzt dem Terror   36
Verbotene Spiele   37
Ahnungen   38
Wo ist Marivagabundus geblieben   39
Budapest 1988   40

III Zwischenzeiten 41

Nachsaison 42

Polnische Küste 43

Gerlos 44

Ein Jahr noch in Stalins Villa 45

Bitternisse 46

Betäubung 47

Schlaflos in D. 49

Gestrandet in Wesels Restauration 50

Und immer 51

Generation Exil 52

Erinnerung an Bad K. 54

Zwischenzeiten 55

Die entmauerte Stadt 56

Untergehen 57

Du kannst nicht alles sagen 58

IV Landnahme der Kriege 59

Ein Morgen im März 60

Auch mich haben sie bekommen 61

Vorläufiger Endsieg 62

Im Kanton Zug, heute 63

Die Sozialisten in Berlin schachern 64

Die Nachrichten des Tages 65

Der gegenwärtige Krieg 66

Der Wind hat gedreht 67

Mörder – dual 68

Neue Zeitrechnung 70

Stumm flimmern die Bilder   71
Mein Sohn hat Waschtag   72

V Der Stand der Dinge   73

Mein Weltbild   74
Der kommende Aufstand wird nicht schön   78
Nach vierzehn Jahren   79
Alles wird gut   80
Berlin, Zwischenmeldung 19.01.2014   81
Die Pest ist zurück   82
Rückspiegel   83
Optimismus   84
Relativität   85

VI Don't be a Stranger   87

Es gibt ein Glimmen   88
Lob des Handys   89
160 Zeichen   90
speaks natalian   91
Sie, wach geworden   92
Sie geht   93
Dieses Jahr endet   94
Herbstzeitlose   95
Unterschiede   96
Fieber   97
Ich bleibe auf dieser Welt   98
Und bleiben können   99

VII Perspektiven 101

VIII Plagejahre 107
    Es eilt die Geschichte 108
    Sommerende 109
    Ein deutscher November 110
    Ein Morgen in Bautzen 112
    Das letzte Café in S. 113
    Novembertag 114
    Dezember 2016 115
    Aussichten 116
    Vorwärts und abwärts. Egal 117
    Der Agendaarchitekt 119
    Die Föhnfrisur sitzt 120
    Die Verkürzung der Tage 121

IX Fluch & Flucht 123
    Flucht ist Fluch 124
    Du bist mein erstes Opfer 129
    Still ist es geworden 130
    Geh schon mal voran 131

X »Der Reisewagen hat ein Rad verloren.« 133

XI Plagejahre 2   141
    Aus dem ahnungslosen Tal   142
    Und stumpf ist dieser letzte Tag   143
    Einheitwendefeiern Oktoberfest   144
    Erdogans Krieg und Deutschlands Beitrag   145
    Fallfeiern 9. November 2019   146

XII Kleine Virenkunde   153
    Der Betrieb ist eingestellt   154
    Das Imperium sucht Schuldige   155
    Die Panik schleppt sich   156
    Staub senkt sich schließlich   157
    Und alles geht erst gar nicht   158

Wegmarken   160

Danksagung

Ich danke meiner ersten Leserin **Nataly Murray** für ihre Hinweise, Klugheit und Hartnäckigkeit sowie ihre liebevolle Gelassenheit, nicht nur die Dinge der Literatur betreffend.
Karin Mäde danke ich vor allem für ihre Hilfe bei der Textauswahl und ihren ständigen Blick auf das gesamte »Werk«, der mir sehr, sehr geholfen hat.
Ich danke **Benjamin Mäde** für seine stetige Solidarität, die ich nicht missen möchte.
Und ich danke schließlich dem Verleger **Wiljo Heinen,** der mich mit seinem Rat, seinen Maßstäben in der Buchproduktion und nicht zuletzt mit seinen kritischen Hinweisen sehr unterstützte.

Limitierte leinengebundene Erstausgabe in 250 Exemplaren

© 2020 Michael Mäde
© 2020 Verlag Wiljo Heinen, Berlin und Böklund
  Alle Rechte vorbehalten.

Verlagsanschriften:

Verlag Wiljo Heinen   Verlag Wiljo Heinen
Franz-Mehring-Platz 1   Schulstr. 20
10243 Berlin   24860 Böklund

www.gutes-lesen.de

Gestaltung und Typografie: W. Heinen, www.wiljo.de

Gesetzt aus der Schelter Grotesk NF, der FF Bau (Kursive) und der Weiss Std (Zitate).
Gedruckt auf Munken Print 1.5 90g, FSC zertifiziertes Papier.

Druck und Weiterverarbeitung: Prime Rate Kft., Ungarn
Printed in the EU.

»100« hat die
ISBN 978-3-95514-044-1

**Bibliografische Information der
Deutschen Nationalbibliothek**
Die Deutsche Nationalbibliothek verzeichnet diese Publikation in der Deutschen Nationalbibliografie; detaillierte bibliografische Daten sind im Internet über http://d-nb.info/ abrufbar.

Bücher haben einen festen Preis! In Deutschland und Österreich haben die Gesetzgeber ein Gesetz über die Buchpreisbindung erlassen, zum Schutz der kulturellen Vielfalt und eines flächendeckenden Buchhandelsangebotes. So haben Sie die Gewähr, dass Sie dieses und andere Bücher überall zum selben Preis bekommen. Bei Ihrem Buchhändler vor Ort, im Internet, beim Verlag. Sie haben die Wahl und die Sicherheit – und ein Buchhandelsangebot, wie es in vielen anderen Ländern nicht mehr zu finden ist.